PUNKPOET

René Marschhold

R e n é   M a r s c h e l

P u n k p o e t

Mit zwölf Illustrationen von Bernie Luther

Bibliografische Information der Deutschen Bibliothek:
Die Deutsche Bibliothek verzeichnet diese Publikation in der Deutschen
Nationalbibliografie; detaillierte Daten sind im Internet über
<http://dnb.ddb.de> abrufbar.

Titelbild und Illustrationen: Bernie Luther
Foto Backcover: creativepix.at
Fotos Seite 1 und 9: privat
Lektorat: Franziska Mollnar

® 2012 René Marschel
Herstellung und Verlag: Books on Demand GmbH, Norderstedt
ISBN: 978-3-8448-1999-1

Dank & Gruß an:

Bernie & Verena, Christian, zÄp, Isi, Martin, Löffler, Filzi, Kris
P.M. Hoffmann, Roman, Guido und Franzi

gewidmet: mir selbst

Inhaltsverzeichnis

Seite 9 Vorwort.
Seite 10 Punkrock a.D.
Seite 12 Tätowiert & Gepierct
Seite 13 5 vor 12.
Seite 14 Abschied
Seite 15 Links - Rechts
Seite 16 Viel zu schnell
Seite 18 Blut im Gesicht
Seite 19 Alleine
Seite 20 He Du
Seite 21 Zensiert.
Seite 22 Stille
Seite 23 Beten
Seite 24 Regenbogenland
Seite 27 Du zählst die Stunden
Seite 28 Platonische Liebe
Seite 29 Brich das Gesetz
Seite 30 Barbie
Seite 31 Alles
Seite 32 Babystrich
Seite 34 Glaubst du alles.
Seite 35 Es wird Zeit
Seite 36 Das Phantom der Musik.
Seite 37 Heilige Scheiße.
Seite 38 Es ist vorbei
Seite 39 Baggersee
Seite 40 Du
Seite 41 Tut mir leid
Seite 42 Teufelsritt
Seite 44 Komm mit mir
Seite 45 Wir danken Al Bundy
Seite 46 Jahreszeiten
Seite 47 Die Fremde
Seite 48 Gott und Teufel
Seite 49 Koks & LSD
Seite 50 BH
Seite 51 Du bist weg
Seite 52 Kondome
Seite 54 Nur ein Lied
Seite 55 Dunkelheit
Seite 56 Ein kleines Liebeslied
Seite 57 Lass es sein
Seite 58 Das Schlaflied
Seite 60 Libidoexpress
Seite 61 Knut

Seite 62	Ich hasse mich dafür
Seite 63	Mach die ...
Seite 64	Kein Rockstar
Seite 66	Sterben
Seite 68	In alle Ewigkeit
Seite 69	Melanie
Seite 70	Ohne mich
Seite 71	Küss mich
Seite 72	Fisch
Seite 73	Weißt du wie sich Schmetterlinge küssen
Seite 74	Sedativum
Seite 76	Kein Text
Seite 77	Stadtcafé
Seite 78	Ein ganzer Mann
Seite 79	Ich wäre so gern ein Mädchen
Seite 80	Viel schlimmer
Seite 82	Nie wieder
Seite 83	Maren
Seite 84	So schön (kann Liebe sein)
Seite 85	Scheiße seh ich geil aus
Seite 86	Tattoo Inside
Seite 88	Ich warte auf dich
Seite 89	Nichts ändert sich
Seite 90	Meine Freundin
Seite 91	Tränen im Herzen
Seite 92	Traummädchen
Seite 93	Waldau
Seite 94	In meiner Nase

Als ich von einem Kunden über das Projekt des Punkpoeten gehört hatte, war ich sofort begeistert. Habe ich doch selbst Jahre in der Punkszene verbracht und in besetzten Häusern gewohnt.

Mein Tattoostudio befindet sich noch immer in einem ehemaligen Squat House. Natürlich fielen mir auch gleich wieder wilde Geschichten und Anekdoten aus dieser Zeit ein und ich holte die alten Bilder hervor.

Eine absolut geile Zeit die ich auf keinen Fall vermissen möchte. Da ich noch immer in der Punkszene aktiv bin, und junge Punks immer wieder als DJ unterstütze, war mir das Projekt auf den Leib geschneidert. Also trafen wir uns und ich machte mich an die Arbeit.

Es machte mir sehr viel Spaß und die Arbeit ging mir leicht von der Hand. Mr. Marschel hatte eine sehr genaue Vorstellung von den Bildern, was mir die Ausführung erleichterte. Das Ergebnis ist total geil und ich freue mich ein Teil dieses Projektes gewesen zu sein. Die Texte sind allerdings nicht nur in diesem Buch zu finden...

Eigentlich sollte es Mr. Marschels Abschied aus der Musikerszene sein, und es sollte unter die wilde Punkrockzeit einen Strich gezogen werden. Das Leben hatte aber anderes vor, und so entwickelte sich nicht nur eine Freundschaft, und diverse Tattoos die den Punkpoeten jetzt schmücken, sondern auch eine Band namens Freaktemple. Mit viel Elan und einigen Texten aus dem Buch, zum Teil neuen und zum Teil alten Texten, sowie drei anderen Musikern, starten wir nun durch, und arbeiten an unserem ersten Album.

Ein neues Kapitel im Leben des Punkpoeten, mir und den Rest unserer Kapelle!! Das ist aber eine andere Geschichte und soll ein anderes Mal erzählt werden.

Alles Gute, lieber Herr Marschel für Dich, unser Buch und alle aktuellen und bevorstehenden gemeinsamen Projekte.

Punkrock a.D.

Punkrock war Punkrock
Als Punkrock noch Punkrock war

Manchmal - Ja manchmal
Manchmal kommen sie wieder
Stehen auf der Bühne rum
Und singen alte Lieder

Keine bunten Haare mehr
Nur Falten im Gesicht
Die drei Akkorde - Die tun weh
Das liegt an der Gicht

Punkrock war Punkrock
Als Punkrock noch Punkrock war

Tätowiert & Gepierct

Tätowiert und gepierct - Alkoholisiert

Tanzen wir und singen
Wenn wir um das Feuer springen
Heute haben wir Spaß
Und rauchen auch mal Gras

Angedröhnt und zugekifft
Erzählt heut jeder seinen Mist
Wir saufen uns die Hucke voll
Ist das nicht toll

Und holt uns auch die Polizei
Man - Das ist uns einerlei
Wir saufen bis die Sense klingt
Bis einer übers Messer springt

Und wird er dann zu Grab gebracht
Feiern wir die ganze Nacht
Saufen - Kiffen - Drogen nehmen
Wir wollen ja nicht ewig leben

Tätowiert und gepierct - Alkoholisiert

5 vor 12

Es ist nicht leicht in dieser Zeit
Die Dinge zu lenken
Viel zu viele sind da
Die für uns denken
Nicht kompetent - Aber am Zug
Sitzen ihre Ärsche platt
Reden und reden
Wovon keiner was hat

Eure Selbstsucht - Eure Falschheit
Es macht mich krank
Doch nicht nur mich - Auch viele andere
In diesem unserem Land
Das Ohr am Mund vom Volk
So sollte es doch sein
Nichts sagen - Nichts hören - Nichts sehen
Das kann nicht gut zu Ende gehen

Es ist 5 vor 12 - Für euch ist es zu spät
Der Realität entronnen - Wisst ihr nicht - Worum es geht
5 vor 12 - Hört ihr - Wie der Zeiger tickt
Macht so weiter - Brecht euch das Genick

Ihr redet nur und redet
Nichts kommt dabei heraus
Nur aus den eigenen Reihen
Erntet ihr Applaus
Die Arbeitslosenzahl
Ist euch doch egal
Ihr macht euch ein schönes Leben
Bis zur nächsten Wahl

Nur leere Versprechungen
Soweit das Auge reicht
Ihr lügt ohne Unterbrechungen
Doch bald ist es soweit
Ja glaubt ihr - Wir sind blind
Durchschauen nicht euer Spiel
Schaut noch einmal auf die Uhr
Es fehlt jetzt nicht mehr viel

Es ist 5 vor 12 - Für euch ist es zu spät
Der Realität entronnen - Wisst ihr nicht - Worum es geht
5 vor 12 - Hört ihr wie der Zeiger tickt
Macht so weiter - Brecht euch das Genick

Abschied

Die letzte Nacht - Der letzte Kuss
Ein letzter Blick zurück
Tränen helfen diesmal nicht
Ich komm nicht mehr zurück

Wir werden uns nicht wiedersehen
Ich wünsche dir viel Glück
Bitte weine nicht
Ich komm nicht mehr zurück

Die Zeit war schön - Doch sie bleibt nicht stehen
In unseren Träumen werden wir uns sehen
Die Zeit war schön - Lass uns weitergehen
Lass uns als Freunde Abschied nehmen

Zum letzten Mal streich ich dir durchs Haar
Zum letzten Mal nehm ich dich in den Arm
Vermiss ich dich auch wie verrückt
Ich komm nicht mehr zurück

Bitte schau mich nicht so traurig an
Es führt kein Weg zurück
Tränen helfen diesmal nicht
Ich wünsche dir viel Glück

Die Zeit war schön - Doch sie bleibt nicht stehen
In unseren Träumen werden wir uns sehen
Die Zeit war schön - Lass uns weitergehen
Lass uns als Freunde Abschied nehmen

Links - Rechts

Leerer Blick - Träger Verstand
Sie marschieren - Für's Vaterland
Selber denken - Fällt ihnen schwer
Darum sind sie - Beim Militär

Links - Rechts - Links - Rechts - Sie bringen den Tod
Links - Rechts - Links - Rechts - Elend, Leid und Not
Links - Rechts - Links - Rechts - Die Waffenindustrie
Links - Rechts - Links - Rechts - Verdient so gut wie nie

Mit der Waffe - In der Hand
Ziehen sie ein - In fremdes Land
Befehlsempfänger - Gehorchen blind
Töten Mann - Frau und Kind

Links - Rechts - Links - Rechts - Sie bringen den Tod
Links - Rechts - Links - Rechts - Elend, Leid und Not
Links - Rechts - Links - Rechts - Die Waffenindustrie
Links - Rechts - Links - Rechts - Verdient so gut wie nie

Stoßen sie - Auf Widerstand
Werden vertrieben - Aus fremdem Land
Tödlich getroffen - Der Kamerad
Bekommt zu Haus - Ein Heldengrab

Links - Rechts - Links - Rechts - Sie bringen den Tod
Links - Rechts - Links - Rechts - Elend, Leid und Not
Links - Rechts - Links - Rechts - Die Waffenindustrie
Links - Rechts - Links - Rechts - Verdient so gut wie nie

Viel zu schnell

Gitarre gekauft - Nie spielen gelernt
Die Double-Bass-Drum - Macht viel Lärm
Das Bassspiel hat meinen Magen geleert
Von irgendwoher kommt noch mehr Lärm

Gesang ist nicht gefragt - Hier wird gebrüllt
Wo wir sind - Sind die Hallen gefüllt
Stecker rein - Voll aufgedreht
Wir spielen so lange bis nichts mehr steht

Zu schnell - Wir spielen leider viel zu schnell

Auto gekauft - Voll aufgetankt
300 PS - Der Hölle sei Dank
Die Straße ist meine Rennbahn
Was im Wege steht - Wird umgefahren

Führerschein - Das muss nicht sein
Ich bin schneller als die Polizei
Überholt mich einer - Dann sehe ich rot
Wer früher stirbt - Ist länger tot

Zu schnell - Ich fahre leider viel zu schnell

Ein kurzer Flirt und es ist klar
Ich geh zu ihr und sage: „Na"
Zwei - Drei Drinks - Schnell an die Bar
„Wollen wir zu dir" - Sie sagt: „Ja"

Wir liegen im Bett - Sind sehr erregt
Sofort haben wir dann losgelegt
Die Nacht ist jung - Wir haben viel Zeit
So ein Mist - Ich bin schon soweit

Zu schnell - Ich komme leider viel zu schnell

Blut im Gesicht

Ich bin der Gott - Den du verehrst
Ich bin real - Ich bin kein Scherz
Wenn ich es will - Greif ich mir dein Herz
Ich reiß es heraus - Spürst du den Schmerz

Ich bin der Hass - Der dich nach vorne treibt
Ich bin das Böse - In deinem Leib
Wenn ich es will - Entfache ich Streit
Tief in dir - Bis deine Seele schreit

Ich bin Satan - Der Herrscher im Himmel
Der Gott der Hölle - In deinem Schädel

Ich bin der Tod - Dem du täglich erliegst
Ich bin dein Frieden und dein Krieg
Wenn ich es will - Nehme ich deine Hand
Ich fahr mit dir in mein verseuchtes Land

Ich bin der Engel - Der dich verbrennt
Ich bin die Kirche - In die du rennst
Wenn ich es will - Schlag ich dich ans Kreuz
Ich bin Jesus - Du das Opfer - Das mein Antlitz säumt

Ich bin Satan - Der Herrscher im Himmel
Der Gott der Hölle - In deinem Schädel

Du hast Blut im Gesicht - Blut im Gesicht
Doch du merkst es nicht - Du merkst es nicht

Alleine

Ich bin allein - Du bist nicht da
Langsam wird mir alles klar
Sehne mich zurück - Wie es früher war
Wie es früher war - Mit dir

Ich suche dich - Ich geb nicht auf
Laufe schnell die Straßen rauf
Merkst du nicht - Dass ich dich brauch
Dass ich dich so sehr brauch

Ich sehe dich von weitem stehen
Will gerade zu dir rüber gehen
Da merke ich - Du bist nicht allein
Das kann doch nicht sein

Wie soll es jetzt bloß weiter gehen
Ich kann die Welt nicht mehr verstehen
Die Zeit mit dir - Die war so schön
War viel - Viel zu schön

Vor Liebe krank - Zerspringt mein Herz
Alles wird schwarz - Zu groß der Schmerz
Ich weiß nicht mehr - Was ich tu
Nehme ein Messer und steche zu

Reglos liegst du jetzt vor mir
Mit der Klinge am Hals - Steh ich über dir
Was war ich nur für ein Narr
Im Tod wird es sein - Wie es früher war

He du

Willst du etwas kaufen
Kannst du was gebrauchen
Ich habe schöne Sachen
Die dein Leben besser machen

Stell mir keine Fragen
Du kannst alles haben
Willst du mal probieren
Brauchst dich nicht zu genieren

He du - Komm her - Sei leise
Bezahle meine Preise
Wenn du was bestellst
Gibst du mir dein Geld

Hast du Probleme oder Sorgen
Denk doch nicht an Morgen
Wir Leben heute Nacht
Ich habe dir was mitgebracht

He du - Was ist mit dir
War es ein Schuss zuviel
Du sagst adieu zu dieser Welt
Weil sie dir nicht mehr gefällt

He du - Wo gehst du hin
Hatte alles keinen Sinn
Einen Traum ins Blut gedrückt
Ins Nirwana eingerückt

Zensiert

Deine Neugierde brachte uns hierher
Du wecktest diese Sehnsucht und Begierde nach mehr
Tun wir auch etwas Falsches in den Augen der Welt
Ist es das Verlangen - Das uns zusammen hält

Dein zarter weicher Körper - So nackt und rein
Lässt mich die Zeit vergessen - Meine Sinne schreien
Jeder Millimeter ist mir bekannt
Meine Lust wird unerträglich in deiner Hand

Dein erdbeersüßer Mund - Umschließt nun sanft
Das was vorher war in deiner Hand
Mit der Zunge beginnst du ein liebliches Spiel
Das meiner Erregung zum Opfer fiel

Der Geschmack des Lebens - Saft vom Mann
Jetzt erstmals in deinen Körper rann
Du legst dich nieder - Öffnest dich mir
Nun beginne ich das Doktorspiel

Die Zunge gespitzt - Massiere ich hier
Was sonst nur tat ein Finger von ihr
Ein leises Stöhnen - Ein Zucken und mehr
Das Aroma der Lust - Schmeck ich in dir

Ich liege im Garten und du sitzt auf mir
Aus Schmerz wurde Wonne - Eins waren wir
Ein einziger Körper - So tief und so warm
Im rhythmischen Wahn - Als wir beide kam

Stille

Die Gedanken an sich
Sie quälen mich
Lassen mich nicht mehr los
Vergebens such ich Trost

Die Seele gefangen
Im ewigen Nichts
Der Körper verwelkt
Mit jedem Augenblick

Keine Flucht hat Erfolg
Jeder Schrei bleibt stumm
Es gibt keine Antwort
Endloses Warum

Zu laut ist die Stille - In meinem Kopf
Zu laut ist die Stille - Und doch:
Lebe ich in dieser Zeit - In diesem Land - An diesem Ort
Und nur meine Träume - Bringen mich von hier fort

Trostlos scheint der Morgen
Jeder neue Tag
Die Vergangenheit verloren
Vergessen wie es war

Neugierde lässt mich zögern
Zu beenden eigenes Leid
Hoffnung bleibt die Grenze
Wünsche bleiben unerreicht

Die kleine Welt des Seins
Die man nicht verlassen kann
Nur Gedanken bleiben frei
Doch allein von Anfang an

Zu laut ist die Stille - In meinem Kopf
Zu laut ist die Stille - Und doch:
Lebe ich in dieser Zeit - In diesem Land - An diesem Ort
Und nur meine Träume - Bringen mich von hier fort

Beten

Terror auf der ganzen Welt
Ist es das - Was euch gefällt
Schutt und Asche überall
Terrorkommando - Überfall

Nichts bleibt übrig - Keine Chance
Keine Gnade - Kein Pardon
Ihr werdet nicht die Letzten sein
Da hilft kein Jammern und kein Schreien

Alles was euch bleibt ist beten
Beten und ganz laut Scheiße schreien

Wer hat an der Uhr gedreht
Was fragt ihr blöd - Es ist zu spät
Die Natur zerstört ihr schnell
Irreversibel - Kriminell

Ihr spielt Poker mit dem Tod
Tiere - Pflanzen - Massenmord
Legt euch auf das Sterbebett
Und macht Platz - Kommt - Seid so nett

Alles was euch bleibt ist beten
Beten und ganz laut Scheiße schreien

Nichts wird passieren - Kein Gott hilft euch
Der Planet - Er ist verseucht
Ihr habt euch selber ausgetrickst
Glaubt Phrasen und ans Kruzifix

Der Erlöser - Er wird kommen
Hat euch längst die Angst genommen
Bibeltreu von Anfang an
Er rettet euch vor'm Untergang

Jetzt betet ruhig - Wenn ihr nur wollt
Nichts wird passieren - Ich sag es euch
Glaubt ruhig die Lügen vom Vatikan
Oder an den Weihnachtsmann

Regenbogenland

Ich folgte dem weißen Kaninchen in das Wunderland
Ich ging auf dem gelben Backsteinweg - Hand in Hand
Mit einer grünen Fee und dem Space-Kekse-Mann
Er trug in einem Glas meinen Verstand

Ich flog durch das All und streichelte den Sonnenrand
Ich schenkte Lucy einen schönen Diamant
Ich schrieb mit Sternenstaub an eine Wolkenwand
Und sah in deinem Traum meinen Verstand

Ich bin zurück aus dem Land hinterm Regenbogen
Ich will zurück in das Land hinterm Regenbogen
Bring mich zurück in das Land hinterm Regenbogen
Ich hab mich selbst betrogen

Ich will zurück in das Land hinterm Regenbogen
Wo die Sonne immer scheint und die Riesen wohnen
Grüner Himmel - Blaue Wiesen - Wo ist oben
Ich hab mich selbst belogen

Und es wird kalt
Der Weg scheint endlos weit
Bin nicht bereit
Die Tür geht auf
Zurück in meinen Traum

Wo ist das weiße Kaninchen - Dort im Wunderland
Wo ist der gelbe Weg - Auf dem das Glück ich fand
Es war ein Schritt zuviel - Ich steh allein am Rand
Der Abgrund tief - Wo ist mein Verstand

Ich fall durch das All - Die Sonne hat meine Haut verbrannt
Niemand mehr da - Alle sind vor mir davongerannt
Ich schrieb mit Herzblut schwer - Worte unerkannt
Ich wart auf dich - Du hast meinen Verstand

Komm nicht zurück - Aus dem Land hinterm Regenbogen
Bleib für immer in dem Land hinterm Regenbogen
Kein Entkommen aus dem Land hinterm Regenbogen
Ich hab mich selbst betrogen

Tief gefallen und von niemandem mehr aufgehoben
Hoch gesetzt - Falsch gespielt - Alles verloren
Grau der Tag - Schwarz die Nacht - Kein Regenbogen mehr
Ich versink im kalten Meer

Komm nicht zurück - Aus dem Land hinterm Regenbogen
Bleib für immer in dem Land hinterm Regenbogen
Das schöne bunte Land - Alles nur gelogen
Ich bin zu weit geflogen

Bleib für immer in dem Land hinterm Regenbogen
Hab das Ende nicht gesehen - Vom Regenbogen
Ich schau mich um - Doch ich seh keinen Regenbogen mehr
Und ertrink im kalten Meer

Du zählst die Stunden

Hast du dich nie gefragt - Warum du alleine bist
Interessiert es dich nicht - Oder bist du Optimist
Schau dir deine Freunde etwas genauer an
Bleiben sie doch nur ein Schatten im Verstand

Wo sind all die Dinge - Die man uns versprochen hat
Das Leben im Luxus - In unserer Gesellschaft
Wer stillt meinen Hunger nach mehr und mehr
Gib mir was von dir - Das ist doch nicht schwer

Du zählst die Stunden bis der Vorhang fällt
Bis du abtrittst von dieser Welt
Du zählst und zählst und zählst und dann
Fängst du wieder von vorne an

Du jagst der Kohle nach wie ein wildes Tier
Reichen wird sie nie - Das verspreche ich dir
Der Zombie - Den du siehst - Ist nur dein Spiegelbild
Verfaultes Fleisch - Geformt aus Einsamkeit

Ich biege Raum und Zeit - Das Hier und auch das Jetzt
Die Träume der Unendlichkeit haben mich versetzt
Nur als Déjà-vu wirst du mich wiedersehen
Als ein flüchtiger Gedanke werde ich mit dir gehen

Du zählst die Stunden bis der Vorhang fällt
Bis du abtrittst von dieser Welt
Du zählst und zählst und zählst und dann
Fängst du wieder von vorne an

Platonische Liebe

Ich konnte es kaum erwarten
Dass du deinen Freund verlässt
Denn schon im Kindergarten
Legte ich mich fest

Nur du allein bekommst mein Herz
Und eines ist doch klar
Jetzt wo du alleine bist
Bin ich für dich da

Meine Träume werden wahr
Du ziehst bei mir ein
Doch so was hätte ich nie gedacht
Du bist ja so gemein

Platonische Liebe
Nur geistige Hiebe
Nichts ist mit Lustbefriedigung
Platonische Liebe
Und wieder denke ich an dich
Bei der Selbstbefriedigung

Du läufst nackt vor mir herum
Du vertraust mir blind
Die Dauererektion tut weh
Verstehst du nicht mein Kind

Dass ich einfach mehr will
Will es richtig mit dir treiben
Doch ich bin bloß dein bester Freund
Darum muss ich leiden

Ich halt es nicht mehr lange aus
Meine Eier schmerzen sehr
Ich wünsche mir von ganzem Herzen
Mit dir Geschlechtsverkehr

Platonische Liebe
Nur geistige Hiebe
Nichts ist mit Lustbefriedigung
Platonische Liebe
Und wieder denke ich an dich
Bei der Selbstbefriedigung

Brich das Gesetz

Willst du dein ganzes Leben lang
Nur arbeiten gehen
Oder willst du tun - Was dir gefällt
Und dir die Welt ansehen

Aus deinem Leben eine Party machen
Werde schön und reich
Im Recht ist nur wer Geld hat
Es wird Zeit - Dass du begreifst

Brich das Gesetz

Du hast wirklich schnell kapiert
Dass man die Großen schmiert
Wenn man ganz nach oben will
Man auch was investiert

Schau nie zurück - Bleib auf deinem Weg
Auch wenn du über Leichen gehst
Das Wichtigste im Leben bist du
Es wird Zeit - Dass du verstehst

Brich das Gesetz

Barbie

Barbie dolls: kill 'em all
Kill 'em all today
Barbie dolls: kill 'em all
Kill it hey hey - hey

Mom und Dad - Die waren sehr nett
Sie gaben dir Geld für Essen
Doch vor der Spielwarenabteilung
Hast du es schnell vergessen

Kauf dir doch deine beste Freundin
Dann bist du nie mehr allein
Doch zuerst mein Kind - Ist doch klar
Gibst du mir einen Schein

Barbie lächelt - Der Kassierer lacht
So einfach wieder eine untergebracht
Mom und Dad sind nicht mehr nett
Mit Hunger gehst du jetzt ins Bett

Ich sag euch:

Barbie dolls: kill 'em all
Kill 'em all today
Barbie dolls: kill 'em all
Kill it hey hey - hey

Du liebst sie so sehr - Sie liebt dich viel mehr

Barbie dolls: kill 'em all
Kill 'em all today
Barbie dolls: kill 'em all
Kill it hey hey - hey

Alles

Das blasse Tuch der Vergangenheit
Legt sich über mich - Ich bin so weit
Vergessen hab ich längst alles Wahre
Ich tauche ein in das Nichtgreifbare

Die Fesseln meiner selbst lege ich ab
Lass ich hinter mir in meinem Grab
Ich tauche ein und steige auf
Das Sonderbare nimmt seinen Lauf

Die Hülle verloren - Die mich einengte
Gelöst von allem - Was mich bedrängte
Wahrscheinlichkeiten umgeben mich
Denn für weniger lebe ich nicht

Ich habe alles schon gesehen
Alles erlebt - Alles getan und erfahren
Bin durch Gezeiten gegangen
Und hab mich selbst eingefangen

Babystrich

Sie liegt allein am Straßenrand
Die Spritze noch in ihrer Hand
Für ein paar Mark auf dem Babystrich
Die Regierung interessiert es nicht

Die Leute gehen achtlos vorbei
„Was geht uns das an - Selber Schuld daran"
Sie sieht und hört von all dem nichts
Dort wo sie ist - Gibt es Schmerzen nicht

Ein paar Stunden ohne Zeit und Raum
Ohne Schmerz und Qual - Nur ein schöner Traum
Mit'm Zug in eine ferne Welt
Bis er dort für immer hält

Zurück - Enttäuscht - Wieder aufgewacht
Wartet auf einen Freier - Der es mit ihr macht
Perverse gibt's genug - Die es mit Kindern treiben
Die es nicht interessiert - Dass sie dabei leiden

Er befriedigt seine Triebe - In seinem Wahn
Denkt bei sich - Er hätte was Gutes getan
Und sie geht wieder auf die Reise
Versucht zu vergessen - Die ganze Scheiße

Ein paar Stunden ohne Zeit und Raum
Ohne Schmerz und Qual - Nur ein schöner Traum
Mit'm Zug in eine ferne Welt
Bis er dort für immer hält

Glaubst du alles

Glaubst du alles - Was du siehst
Glaubst du alles - Was du fühlst
Glaubst du nicht - Es könnte sein
Dass du dich irrst

Kennst du den Weg - Auf dem du gehst
Weist du - Wo im Leben du stehst
Sind deine Taten alle gut
Denk drüber nach - Hab den Mut

Glaubst du - Deine Meinung interessiert
Wenn du was sagst - Dass es passiert
Alles zu erreichen ist zuviel
Bist du zufrieden - Frag dein Gefühl

Hast du Angst - Dass du Fehler machst
Dass manch einer darüber lacht
Hast du Angst vor Morgen
Angst vor neuen Sorgen

Bist du ein Träumer - Ein Phantast
Sind es Freunde - Die du hast
Bist du verrückt oder ein Poet
Kann ich dir helfen oder ist es zu spät

Es wird Zeit

Die Nachricht traf mein Herz
Mein Verstand rebellierte
Alles was er kontrollierte
Ertrank in Wut und Schmerz

In jeder Träne ein Bild von dir
Ich wollte es nicht glauben
Und schloss meine Augen
Doch du bist nicht mehr hier

Die Zeit blieb stehen - Glitt zurück in die Vergangenheit
Ich kann dich sehen - Wir waren zu jedem Scheiß bereit
Du siehst mich an - Kein Gedanke mehr an Einsamkeit
Und dann erklang - Deine Stimme aus der Endlichkeit
Ich bleib dein Geist - Komm raus aus der Vergangenheit

Es wird Zeit

Ich wollte das Buch deines Lebens
Noch jahrelang lesen
Leere Seiten verwesen
Suche Antworten vergebens

Die Zeit blieb stehen - Glitt zurück in die Vergangenheit
Ich kann dich sehen - Wir waren zu jedem Scheiß bereit
Du siehst mich an - Kein Gedanke mehr an Einsamkeit
Und dann erklang - Deine Stimme aus der Endlichkeit
Ich bleib dein Geist - Komm raus aus der Vergangenheit

Es wird Zeit

M a t t h i a s   G r a b e r
* 30.10.1972   † 25.04.1993

Das Phantom der Musik

Im Schlaf - Da singe ich die ganze Nacht
Die Stimme klingt und hallt im Raum - Doch ach
Der Traum ist schnell vorbei - Bin ich erst wach
Das Phantom der Musik lebt in mir - Nur in der Nacht

Am Tag - Da singe ich nur noch im Bad
Die Stimme klingt dann nicht - Nein - Sie versagt
Doch bricht die Nacht herein - Werd ich zum Star
Das Phantom der Musik lebt in mir - Ist wieder da

Ich singe überall - Die Welt ist mein
Doch weil ich singe nachts - Bleib ich allein
Einen Traum allein zu träumen - Macht keinen Sinn
Das Phantom der Musik lebt in mir - Ist in mir drin

Ich bin das Phantom der Musik

In meiner Phantasie - Da bin ich wach
Ich singe dann mit dir - Bei Tag und Nacht
Doch weiß ich ganz genau - Mir bleibt der Traum
Das Phantom der Musik lebt in mir - Bricht Zeit und Raum

Und ich singe in der Nacht - Die ganze Nacht

Das Phantom der Musik lässt mich nie allein

Und ich singe und ich singe - Singe nachts
Und ich singe - Singe nachts - Singe für mich

Heilige Scheiße

Heilige Scheiße von der Kanzel gepredigt
Lügen im Namen des Herrn - Mehr seh ich nicht
Ihr wollt uns erzählen - Wie wir zu leben haben
Ihr zeigt uns den Weg - Doch hab ich Fragen

Schlagt endlich die Bibel zu - Es ist nur ein Buch
Ihr sucht darin Antworten - Ein netter Versuch
Die heilige Schrift - Dass ich nicht lache
Ich hab besseres gelesen - Menschheit erwache

Hör gut zu - Was ich dir sage
Es gibt keinen Gott - Keine Frage
Du musst nicht in die Hölle - Auch der Himmel - Der ist fern
Niemand kann dir deine Ruhe verwehren

Jeder muss mal sterben - Ob er gut war oder schlecht
Ob er arm war oder reich - Schwarz war oder weiß
Ist der Zeitpunkt selbst bestimmt
Was immer auch das Leben nimmt

Bei jedem ist es mal soweit
Ruhe er in Ewigkeit

Gottes Haus - Ihr nennt es Kirche
Tritt doch ein - Du brauchst dich nicht zu fürchten
Nenne deine Sünden - Du wirst nicht bestraft
Was immer du getan hast - Auch du bist Gottes Schaf

Jesus der Messias – Nur'ne Romanfigur
Ein Heiligenschein schmückt die Frisur
Zahle deine Steuern - Eine Sünde nennt man Gier
Wenn du dein Geld loswerden willst - Gib es mir

Hör gut zu - Was ich dir sage
Es gibt keinen Gott - Keine Frage
Du musst nicht in die Hölle - Auch der Himmel - Der ist fern
Niemand kann dir deine Ruhe verwehren

Jeder muss mal sterben - Ob er gut war oder schlecht
Ob er arm war oder reich - Schwarz war oder weiß
Ist der Zeitpunkt selbst bestimmt
Was immer auch das Leben nimmt

Bei jedem ist es mal soweit
Ruhe er in Ewigkeit

Es ist vorbei

Es ging so schnell - Du kamst zu mir
Und bliebst die Nacht dann hier
Für dich war es bloß Gier
Bloß ein neues Spiel

Du weißt - Dass ich dich liebe
Doch das interessiert dich nicht
Schlaf mit mir oder lass es sein
Am nächsten Morgen sagst du: „Goodbye"

Es ist vorbei - Dein Leben ist zu kurz für mich allein
Vorbei - Du hast Angst - Du bist nicht mehr frei
Vorbei - Mal sagst du ja - Mal sagst du nein
Es ist vorbei - Verdammt - Ich hab geweint

Gefühle fahren Achterbahn
Mir wird kalt und heiß
Ich spüre dich überall
Von meiner Stirn tropft Schweiß

Das was du suchst - Wirst du nie finden
Deine Liebe schmilzt wie Eis
Schade um dich - Du brachst mein Herz
Willst Liebe geben - Doch ich fühl nur Schmerz

Es ist vorbei - Das Leben geht weiter ohne dich
Vorbei - Nur wie - Mein Schatz - Das weiß ich nicht
Vorbei - Nichts bringt dich mir zurück
Es ist vorbei - Und ich werde noch verrückt

Es ist vorbei - Du lebst nur für den Moment
Vorbei - Gehst bevor die Liebe brennt
Vorbei - Nur allein fühlst du dich frei
Zur Hölle - Verdammt - Es ist vorbei

Baggersee

Ich hab die Nase voll
Ich fahr nicht zum Atoll
Ich will nicht nach Malibu
Lass mich damit bloß in Ruh

Ich scheiß auf jede Bar
Den Verkehr auf Ibiza
Ich will nicht nach Westerland
Ich fahre zum Baggerstrand

Denn auf unserm Baggerstrand
Mittendrin im heißen Sand
Liegen Mädchen braun gebrannt
Schöner als auf Helgoland

Darum müsst ihr doch verstehen
Wär's im Ausland noch so schön
Es hat wirklich keinen Zweck
Ich fahr hier bestimmt nicht weg

Du

Irgendwie ging alles schief
Ging alles viel zu schnell
Die Zeit mit dir - Die ist wie
Eine Rose - Die verwelkt

Ich wollt so vieles tun
Letztendlich tat ich nichts
Warum nur hatte ich Angst
Ich weiß es wirklich nicht

Ich habe dich verletzt
Hab es nicht bemerkt
Es tut mir wirklich leid
Kannst du mir verzeihen

Doch du - Du hörst mir jetzt nicht mehr zu

Du gabst mir so viel von dir
Und ich - Ich gab dir nichts
Dein Vertrauen erwidern
Das konnte ich einfach nicht

Du hattest viele Fragen
Antworten gab ich nie
War ich feige oder dumm
Was bleibt ist: „Warum"

Du bist weg und ich stell fest
Ich brauche dich so sehr
Was ich auch tu - Es ist zu spät
Du liebst mich nicht mehr

Doch du - Du hörst mir jetzt nicht mehr zu

Tut mir leid

Ich wollte nur mit dir ins Bett
Nun ist die Misere fast komplett
Wie konnte das denn bloß passieren
Ich hatte doch Spaß beim onanieren

Nein - Nein - Nein - Oh nein
Auf was ließ ich mich da bloß ein
Nein - Nein - Nein - Oh nein
Das darf doch nicht wahr sein

Du schaust mich an - Total verwegen
Ich werde rot - Etwas verlegen
Wie konnte das denn bloß geschehen
Ich kann das Ende kaum absehen

Nein - Nein - Nein - Oh nein
Auf was ließ ich mich da bloß ein
Nein - Nein - Nein - Oh nein
Das darf doch nicht wahr sein

Jetzt steh'n wir vor dem Traualtar
Mein schlimmster Alptraum - Der wird wahr
Der Pfarrer fordert nun das Ja
Du lächelst süß - Und ich sag:

Nein - Nein - Nein - Oh nein
So blöd kann ich echt nicht sein
Nein - Nein - Nein - Oh nein
Mach's gut - Ich lass dich jetzt allein

Teufelsritt

Dein Verlangen - Ich kann es gut verstehen
Mich kriegst du nicht jeden Tag zu sehen
Doch jetzt steh ich hier - Und das in echt
Bezahl dafür - Nimm dir dein Recht

Fass mich an

Erst zaghaft - So schüchtern - Fasst du mich an
Vor Verlangen und Gier - Fängst du zu beben an
Für ein paar Stunden gehöre ich dir - Jetzt gehst du ran
Entdeckst Welten an mir - Wie nie zuvor an einem Mann

Fass mich an

Im Himmel der Lust - Die Hölle brennt
Völlig enthemmt - Wie dich keiner kennt
Die Engel sehen's - Der Teufel versteht's
Ich habe tief in dir das Feuer gelegt

Fass mich an

Komm mit mir

Halt mich fest - Halt mich
Einfach ganz doll fest
Ich schenke dir die Sterne
Wenn du mich nur lässt

Folge mir in eine Welt
Aus Trug und Schein
Komm mit mir und diese Welt
Wird unsere sein

Lass nicht los - Lass mich
Niemals wieder los
Unsere Sehnsucht die ist
So unendlich groß

Ein Meer aus Tränen
Ein Horizont voll Glück
Wir nehmen uns einfach
Von der Ewigkeit ein Stück

Schließe deine Augen - Und du bist bei mir
Schließe deine Augen - Bleib für immer hier
Schließe deine Augen - Und du bist bei mir
Schließe deine Augen - Und bleib für immer bei mir

Wir danken Al Bundy

Partystimmung jeden Tag
Spaß haben ist angesagt
Trübsal blasen - Das ist out
Heute Nacht such ich eine Braut

Doch Mädchen - Mädchen
Mach dir keine Hoffnungen
Eine Nacht gehöre ich dir
Doch länger bleibst du nicht bei mir

Denn:
Wir danken Al Bundy für diese noble Tat
Wir danken Al Bundy - Er hat uns gewarnt

Heiratet nicht - Denn
Es bricht euch das Genick
Lasst doch 5we gerade sein
Und sagt zum Pfarrer „Nein"

Wir danken Al Bundy für diese noble Tat
Wir danken Al Bundy - Er hat uns gewarnt

Wozu brauch ich eine Uhr
Geh jetzt erst mal auf Tour
Lebe - Wie es mir gefällt
Bekomme dafür Geld

Ich muss nicht jeden Tag
Zur Arbeit fahren
Habe keinen Stress
Oder sonstige Klagen

Wir danken Al Bundy für diese noble Tat
Wir danken Al Bundy - Er hat uns gewarnt

Geht ihr zur Arbeit - Jeden Tag
Liegt ihr eigentlich schon im Grab
Seht ihr - Wie eure Zeit wegrennt
Habt euer Leben total verpennt

Wir danken Al Bundy für diese noble Tat
Wir danken Al Bundy - Er hat uns gewarnt

Jahreszeiten

Im Winter ist es furchtbar kalt
Die Sonne wird am Tag nicht alt
Mädchen sieht man nicht am Strand
Sie liegen unter der Sonnenbank

Im Frühling wird es angenehm
Da kann man schon mal baden gehen
Der Sommer ist jetzt nicht mehr weit
Mein Surfbrett liegt schon startbereit

Der Sommer ist nun endlich da
Jetzt kann man wieder baden fahren
Mit Freunden über Wellen reiten
Und sich über Frauen streiten

Vom Winter will ich gar nichts wissen
Wird es hier kalt - Werd ich mich verpissen
Auf nach Süden in irgendein Land
Hauptsache es hat einen Strand

Die Fremde

Seit Tagen denke ich nur noch an dich
Was ist bloß los mit mir
Ich kenne dich nicht - Doch vermisse dich
Wäre jetzt gern bei dir

Es ist schön - Deine Nähe zu spüren
Du machst mich nervös
Ich träume davon dich zu verführen
Bin so generös

Bin ich für dich nur einer von vielen
Das ist mir egal
Die Illusion werde ich nie verlieren
Mädchen meiner Wahl

Und schließ ich meine Augen - Ist das Leben wunderschön
Es scheint immer die Sonne - Die Zeit scheint still zu stehen
Ich hab das Glück gepachtet - Happy hour ohne Ende
Doch öffne ich die Augen - Bleibst du nur die Fremde

Seit Tagen warte ich jetzt schon auf dich
Will es heute wagen
„Hallo Fremde - Ich liebe dich!"
Werde ich zu dir sagen

Doch die Tage enden stets ohne dich
Es ist eine Qual
Ich warte nicht länger - Ich suche dich
Mädchen meiner Wahl

Um den Erdball dreh ich meine Runden
Jahre ziehen vorbei
Fremde hab ich viele gefunden
Du warst nicht dabei

Und jetzt schließ ich die Augen - Mein Leben war wunderschön
Hab ich dich auch nicht gefunden - Hab ich doch viel gesehen
Es schlägt die letzte Stunde - Mit mir geht es zu Ende
Vielleicht bist du im nächsten Leben - Nicht mehr nur die Fremde

Gott und Teufel

Jetzt bin ich hier - Ihr habt mich erschaffen
Ich bin sicher - Ihr werdet euch dafür hassen
An euch zu glauben - Reichte euch nicht
Ich fordere Demut - Man verneige sich

Ich bin dein Gott - Ich erschuf die Welt
Ich bin dein Gott - Auf der es dir so gut gefällt
Ich bin dein Gott - Komm sei ein guter Christ
Und zeige mir - Dass du unwürdig bist

Jetzt bin ich hier - Ihr habt mich erschaffen
Ich bin sicher - Ihr werdet euch dafür hassen
An Gott zu glauben - Reichte euch nicht
Ich fordere eure Seelen - Beim jüngsten Gericht

Ich bin dein Gott - Der Teufel in Person
Ich bin dein Gott - Dein gerechter Lohn
Ich bin dein Gott - Sei ein guter Antichrist
Und zeige mir - Wer du wirklich bist

Wähle 666 und schick ein Amen hinterher
Bezahl für deine Sünden - Mach es dir nicht zu schwer
Der Himmel wurde auf ewig in die Hölle verbannt
Ich bin der gute Engel - Im schwarzen Gewand

Zweifelst du an deinem Gott - Hat der Glaube dich verlassen
Fängst du langsam an - Deine Mitmenschen zu hassen
Liebe deinen Nächsten - Die Religion versagt
Sprich das Vaterunser - Falls dein Gewissen dich plagt

Koks & LSD

Ich hab es satt - Ausreden zu erfinden
Party jeden Tag - Warum soll ich schwindeln
Ist doch egal - Die Drogen meiner Wahl:
Koks und LSD

Du sagst: Verboten
Ich flieg mit dem chemischen Piloten
Trink Tee - Fühl mich o.k.
Auf Koks und LSD

Sag - Warum soll ich auf dich hören
Wenn du glaubst - Ich tu mich zerstören
Bitte versteh - Wenn ich jetzt geh
Koks und LSD

Schau - Die vielen scheiß Lügner
Allesamt nur dumme Selbstbetrüger
Brauchen täglich ihren Kaffee
Und die Nase voller Schnee

Die längste Line - Zieh ich mir rein
Geh auf'nen Trip - Das find ich fein
Ein neuer Tag - Ein neues Jahr
Wen interessiert - Was gestern war

BH

Sie trug keinen BH unter ihrem Pullover

Nein - Dort war bloß nackte Haut
Und zwei Beulen stachen raus

Sie waren nicht groß - Auch nicht zu klein
Eine Hand - Ach vielleicht zwei

Ich hätte es gern genau gewusst
Doch leider stieg sie in einen Bus

Mir blieb nur noch - Ihr nachzusehen
Ich rief noch: „Auf Wiedersehen"

Sie schaut mich an - Ich glaub es nicht
Zu den Beulen gibt's ein Gesicht

Ich schätz sie 17 Jahre alt
Genau weiß ich - Ihr ist kalt

Das kann man deutlich daran sehen
Weil sie unter'm Pulli stehen

Der Bus fährt ab - Sie steigt noch aus
Jetzt ist sie meine Tittenmaus

Doch das Glück - Das währt nicht lang
Denn sie ging zum Kleiderschrank

Nun trägt sie unterm Pullover - Einen BH

Du bist weg

Du bist weg - Ich bin allein
Wie Scheiße kann der Tag noch sein
Lag es an mir oder am System
Warum nur - Warum musstest du gehen

Soll ich jetzt in Mitleid zerfließen
Mich erhängen oder erschießen
Ich hab's - Ich werde meinen Kummer ertränken
Im Suff die Sache noch mal überdenken

Du bist weg - Na und was soll's
Hast es ja selber so gewollt
Irgendwann wirst du es bereuen
Doch dann wird sich schon eine andere freuen

Du bist weg - Ich bin allein
Und denke nach über Sinn und Sein
Lag es an mir oder am System
Warum nur - Warum musstest du gehen

Deine Überstunden sind mir jetzt klar
Dein Chef führt dich zum Traualtar
2 Flaschen Jim Beam habe ich aus
Jetzt sieht die Welt wieder anders aus

Du bist weg - Na und was soll's
Hast es ja selber so gewollt
Irgendwann wirst du es bereuen
Doch dann wird sich schon eine andere freuen

Du bist weg - Es wurde Zeit
Ich vermisste schon meine Freiheit
Es lag an mir und am System
Warum konntest du nicht früher gehen

Komm bloß nicht noch mal angerannt
Bleib wo du bist - Bei deinem Mann
Ich werde jetzt Mädchenmillionär
Und lasse mich von den Frauen verehren

Du bist weg - Na und was soll's
Hast es ja selber so gewollt
Irgendwann wirst du es bereuen
Doch dann wird sich schon eine andere freuen

Kondome

Die alte Geschichte erzähle ich hier
Ich traf ein Mädchen - Wir gingen zu ihr
Romantik war gefragt bei Kerzenschein
Kuschelrock und einem Glas Wein

Nicht mehr zu bremsen waren schon bald unsere Triebe
Wir wollten nur noch eins - Heiße Liebe
Da holt sie ein Kondom aus dem Nachtschrank raus
Und mit meiner Männlichkeit war es sofort aus

Kondome - Ich mach es ohne - Hab eine Latexallergie
Die Alternative - Die wähle ich nie
Denn das wäre das Gedärm von totem Vieh
Kondome - Ich mach es ohne - Hab eine Latexallergie

Es war erstaunlich - Dass ich noch wollte
Bei der Diskussion - Die darauf folgte
Sie sprach über AIDS und GV im Allgemeinen
Ich lauschte ihr gebannt - Fasziniert von ihren Beinen

Sie lag mir in den Ohren: „Verhütung ist das A und O"
Also streifte ich ihn mir über - Merkte nichts - Doch sie war froh
Nun hatte ich - Oh Jammer - Die Konsequenzen nicht bedacht
Mit Allergien ist nicht zu spaßen - Das weiß ich seit dieser Nacht

Kondome - Ich mach es ohne - Hab eine Latexallergie
Die Alternative - Die wähle ich nie
Denn das wäre das Gedärm von totem Vieh
Kondome - Ich mach es ohne - Hab eine Latexallergie

Nur ein Lied

Dies ist ein Lied wie jedes andere auch
Der Text ist völlig sinnlos und die Melodie geklaut
Na und was soll's - Warum sind wir hier
Doch nur wegen den Mädchen und wegen dem Bier

Dies ist ein Lied - Nur ein Lied
Weil es auf der ganzen Welt kein besseres gibt

Dies ist ein Lied und tut absolut nicht weh
Es ist wirklich harmlos - Wie ich das so seh
Geschmacksneutral und farblos auch
Ich habe es sogar gestern Nacht geraucht

Dies ist ein Lied - Nur ein Lied
Weil es auf der ganzen Welt kein besseres gibt

Dies ist ein Lied - Kein Liebeslied
Keines über Rassenwahn oder über Krieg
Dies ist ein Lied - Kein Liebeslied
Keines über Kindersex oder Politik

Dunkelheit

Ein Schrei aus weiter Ferne
Hallt aus dem dunklen Wald
Du fühlst dich plötzlich hilflos
Und dir wird furchtbar kalt

Du nimmst von deiner Schulter
Das schwere Jagdgewehr
Hast Angst - Doch willst du helfen
Wo kam der Schrei nur her

Erhellt der Mond auch sonst die Nacht
Hat er die Augen zugemacht
Zog sich an das Wolkenkleid
Sieht so nicht im Wald das Leid

Da hörst du ihn schon wieder
Der Schrei um Hilfe fleht
Läufst los und hoffst inständig
Dass du nicht kommst zu spät

Du stolperst durch das Dickicht
Immer den Schreien nach
Du spürst es überdeutlich
Ein Leben dort zerbrach

Der Mond ist heute Erdenblind
Um Hilfe fleht das Menschenkind
Durch die Wolken dringt kein Licht
Das Verbrechen sieht er nicht

Hast sie endlich gefunden
In Panik klopft dein Herz
Ihre Tränen siehst du nicht
Doch spürst du ihren Schmerz

Die Peiniger geflohen
Im Schutz der schwarzen Nacht
In deinen Armen hat sie
Die Augen zu gemacht

Wenn die ersten Sonnenstrahlen
Muster auf die Erde malen
Licht den dunklen Ort erhellt
Bleibt im Schatten deine Welt

Ein kleines Liebeslied

Dieses Lied ist nur für dich
Du weißt es nicht - Doch ich liebe dich
Dieses Lied schrieb ich für dich
Du weißt es nicht - Es ist für dich - Nur für dich

Seit vielen Jahren sehen wir uns so gut wie jeden Tag
Nie hab ich dir gesagt - Wie sehr ich dich mag
Wir sind die dicksten Freunde - Leider kein Liebespaar
Wir waren all die Jahre immer füreinander da

Seit vielen Jahren gehen wir denselben Weg
Um den Abschied zu verhindern - Ist es zu spät
Du ziehst morgen fort von hier - In eine ferne Stadt
Zu deinem neuen Freund - Den du so lieb hast

Dieses Lied ist nur für dich
Du weißt es nicht - Doch ich liebe dich
Dieses Lied schrieb ich für dich
Du weißt es nicht - Es ist für dich - Allein für dich

Jetzt fühl ich mich allein - So einsam und verlassen
Ich kann dich doch nicht für deine Liebe hassen
Du hast dein Glück gefunden - Ich sag: „Auf Wiedersehen"
Ab morgen werd ich dann wohl allein nach Hause gehen

Dieses Lied ist nur für dich
Du weißt es nicht - Doch ich liebe dich
Dieses Lied schrieb ich für dich
Du weißt es nicht - Es ist für dich - Ich liebe dich

Lass es sein

Oft genug war ich der Arsch
Hab mich geduckt und nichts gesagt
Ich sehe kein Ende meiner Qual
Du lässt mir einfach keine Wahl

Jetzt wendet sich das Blatt
Und ich schau auf dich herab
Demut dich jetzt laut auslacht
Nun hau schon endlich ab

Was willst du noch von mir
Warum bist du noch hier
Hast du noch nicht genug
Ich dacht aus Schaden wird man klug

Lass es sein - Lass es sein
Komm lass es sein
Auf dich falle ich - Ganz bestimmt
Nicht noch mal rein

Für dich war ich doch nur der Arsch
Ich hab gemacht was du gesagt
Betrogen von dir fast jede Nacht
Hast du dabei nur laut gelacht

Die Liebe macht dich blind
Ich sag es - Wie es ist
Heute weiß ich - Dass auch du
Nur eine Schlampe bist

Was willst du noch von mir
Warum bist du noch hier
Hast du noch nicht genug
Ich dachte aus Schaden wird man klug

Lass es sein - Lass es sein
Komm lass es sein
Auf dich falle ich - Ganz bestimmt
Nicht noch mal rein

Das Schlaflied

Schlaf mein Kleines - Schlafe ein
Die Nacht - Sie schaut zum Fenster rein
Sie tut dir nichts - Hab keine Angst
Schlaf ein - Solange du noch kannst

Schlaf mein Kleines - Schlafe ein
Die Nacht kommt nun zu dir herein
Sie umarmt dich - Drückt dich fest
Lässt nicht mehr los - Gibt dir den Rest

Hier stehst du nun vor dem Höllentor
Ganz nah schon ist des Teufels Chor
Es riecht nach Schwefel und nach Blut
Du kannst nicht fliehen vor Satans Brut

Sie zünden das Fegefeuer an
Du schreist ganz laut - Nun bist du dran
Dein Körper blutig und zerschunden
Auf ewig schmerzen deine Wunden

Schlaf mein Kleines - Schlafe ein
Bald ist es mit dir vorbei
Die Nacht frisst deine Ängste ganz
Der Teufel trägt einen Lämmerschwanz

Schlaf mein Kleines - Schlafe ein
Längst schon kannst du nicht mehr schreien
Dein Begleiter ist die Nacht
Mit leerem Blick du erwachst

Hier stehst du nun vor dem Höllentor
Ganz nah schon ist des Teufels Chor
Es riecht nach Schwefel und nach Blut
Du kannst nicht fliehen vor Satans Brut

Sie zünden das Fegefeuer an
Du schreist ganz laut - Nun bist du dran
Dein Körper blutig und zerschunden
Auf ewig schmerzen deine Wunden

Libidoexpress

Depressionen - Tief in der Nacht
Halten mich wach
Weiß nicht - Was sie jetzt macht

Ich stell mir vor - Sie ist bei mir
Mache ich die Augen auf
Sitze ich alleine hier

Voller Sehnsucht schlafe ich ein
In meinen Träumen wird sie bei mir sein
In Morpheus Armen ist alles real
Die Wirklichkeit ist mir egal

Ein klingeln reißt mich aus dem Schlaf
Ich öffne die Tür
Sie ist unglaublich scharf

Kleidung fällt - Ihr ging es wie mir
Die Zeit steht still
Und sie zittert vor Gier

Liebesrausch - Sexueller Exzess
Mit Überschall im Libidoexpress
Das Ende naht - Der Vereinigungstour
Von Depressionen keine Spur

Knut

Knut - Der wohnt in einem Heim
Dort darf nicht ein jeder rein
Knut wohnt hier - Seit er denken kann
Und mit denken fängt der Knut
Jeden Tag aufs Neue an

Knut ist glücklich und zufrieden
Ist er doch verschont geblieben
Vor der Menschheit Größenwahn
Mit Hass und Gier und Politik
Fängt der Knut rein gar nichts an

Wenn Sonnenlicht die Welt erhellt
Wenn weißer Schnee vom Himmel fällt
Wenn Regen prasselt auf das Dach
In seiner kleinen - Heilen Welt
Lacht der Knut den ganzen Tag

Knut sein Hirn - Ist nicht so gut - Trotzdem geht es Knut recht gut
Denn er weiß nichts vom Krieg - Von Schmerz und Blut
Knut lebt glücklich in den Tag - Zeigt jedem - Was und wen er mag
Und freut sich auf den Süßigkeitentag

Ich hasse mich dafür

Ich träume noch immer von dir
Ich hasse mich dafür
Es fällt mir wirklich schwer
Ich vermisse dich so sehr

Gefühle - Waren dir so fremd
Für dich zählte nur der Kommerz
Ich schenkte dir nicht nur Rosen
Ich schenkte dir auch mein Herz
Sag - Warum nimmst du mir
Nicht auch noch den Schmerz

Ich träume noch immer von dir
Ich hasse mich dafür
Es fällt mir wirklich schwer
Ich vermisse dich so sehr

Sex war für dich nur Mittel zum Zweck
Der Hunger nach Macht kam dazu
Du triebst es wirklich mit jedem
Für dich gab es kein Tabu
Jetzt träume süß mein Schatz
Für immer in himmlischer Ruh

Ich träume noch immer von dir
Ich hasse mich dafür
Es fällt mir wirklich schwer
Ich vermisse dich so sehr

Hinter hohen und dicken Mauern
Haben sie mich eingesperrt
Psychisch kaputt und gefährlich
Ich habe mich nicht gewehrt
Bald wird man mich entlassen
Man hat mich zum Guten bekehrt

Und dann träume ich wieder von dir
Und ich liebe mich dafür
Es fällt mir gar nicht schwer
Denn ich liebe dich so sehr

Mach die ...

Mach die Beine breit und fick mich
Und dann sag - Wie gut ich war
Ich weiß genau - Dir ist schon klar - Ich bin der Beste
Den es geben wird und den es jemals gab

Mach die Beine breit und fick mich
Mach mir ruhig etwas vor
Wenn du willst - Dass es nie endet
Nehme ich dich noch mal von vorn

Es ist mir total egal
Ob du wirklich etwas fühlst
Tu's wie du willst

Mach die Beine breit und fick mich
Spritz ich auch zum letzten Mal
Lass uns den Moment der Freude noch verzögern
Halt ihn fest und blas mir einen - Mach's mir oral

Mach die Beine breit und fick mich
Nimm ihn ruhig in den Mund
Mach ich's dir dann noch von hinten
Stöhnst du nicht mehr ohne Grund

Es ist mir absolut egal
Wie oft du mit mir spielst
Tu's wie du willst

Mach die Beine breit
Mach die Beine breit
Mach die Beine breit
Und fick mich

Kein Rockstar

Ich spiel den ganzen Abend schon - Zu eurem Vergnügen
Ich hab langsam die Schnauze voll - Es sind alles nur Lügen
Ich wollte brav zur Schule gehen - Einen Beruf erlernen
'Ne Frau - Zwei Kinder und ein Hund - Im Mittelstand verkehren

Doch aus der Schule wurde nichts - Ich hatte keine Lust
Weil ständig jemand kommt und sagt - Was du tun musst
Ohne Schule - Keine Arbeit - Was kostet die Welt
Ich kaufte eine Gitarre - Vom Arbeitslosengeld

Hab keine Kinder - Keine Frau - Aber einen Hund
Fühle mich soweit recht glücklich - Und ich bin gesund
Doch wieder kommt es anders - Als ich es mir gedacht
Den Plattenvertrag unterschrieben - Rockstar über Nacht

Doch ich will kein Rockstar sein - Ein Rockstar hat es schwer
So viele Groupies wollen Sex - Und wo krieg ich die nächsten Drogen her
Nein ich will kein Rockstar sein - Wohin mit dem ganzen Geld
Am liebsten wäre ich weit weg - Weit weg in einer anderen Welt

Wieder steh ich auf der Bühne - In einer fremden Stadt
Die Masse tobt - Ich spiel meinen Part - Ich hab es ja so satt
Ein roter Teppich vor'm Hotel - Pressekonferenz
Die Sender spielen meine Songs - Auf jeder Frequenz

Wieder Gold und wieder Platin - Total überflüssig
Was ist das nur für ein Leben - Ich bin's überdrüssig
Steig auf das Dach und spring hinab - Bin im freien Fall
Da kommt ein UFO - Nimmt mich mit - Hinein ins tiefe All

Ich freu mich riesig - Was für'n Glück - Fick dich alte Welt
Endlich gelöst von allen Zwängen - Brauch nie wieder Geld
Doch was ist los - Das kann nicht sein - Ich steh im Rampenlicht
Die Aliens jubeln - Applaudieren - Das glaub ich einfach nicht

Auch hier bin ich ein Rockstar - Doch ich will keiner sein
Alien-Groupies wollen Sex - Kein Wörterbuch - Wie sag ich bloß nein
Alles nur kein Rockstar sein - Wie komm ich hier nur raus
Scheiß E.T.'s - Da kann ich auch - Genauso gut nach Haus

Ich wache auf - Bin recht verwirrt - Liege auf einem Bett
Zwei nackte Mädchen neben mir - Das finde ich sehr nett
Doch wer bin ich - Und wann und wo - Das interessiert mich sehr
Eine Frage ist geklärt - Es gab Geschlechtsverkehr

Nun wüsste ich auch gern den Rest - Moment mal - Heureka
Alles was im Nebel lag - Ist jetzt wieder da
Ich war unterwegs auf Koks - Auf Speed und Ecstasy
Pilze - Acid - Opiate - Kiffte wie noch nie

Aliens - UFO's - Fremde Welten - Ein geiler Drogenrausch
Jetzt fällt es mir auch wieder ein - Ich liebe den Applaus
He man - Ich bin ein Rockstar - Das wollte ich immer sein
Sex and Drugs and Rock'N'Roll - Das Klischee ist mein

Yes I am ein Rockstar - Ich tu - Was mir gefällt
Scheiß auf alles und auf jeden - Mir gehört die Welt
Ich bin euer Rockstar - Ihr liebt mich ja so sehr
Und wenn ich 27 bin - Dann gibt es mich nicht mehr

Sterben

Ich habe keine Lust mehr
Auf das - Was ihr Leben nennt
Ich habe keinen Grund mehr
Länger Träumen nachzurennen

Ich glaube nicht an Glück
Und nicht an Ehrlichkeit
Und schon gar nicht an die Liebe
Sie bringt nur Schmerz und Leid

Ich hab an dich geglaubt
Und an das Glück zu zweit
Du hast mein Herz geraubt
Schwer ist die Einsamkeit

Was hab ich zu verlieren
Das Leben braucht mich nicht
Kaum einen interessiert's
Es ist besser - Mich gibt es nicht

Für was soll ich noch leben
In der beschissenen Welt
Wenn niemand da ist - Der auch nur
Ein bisschen zu mir hält

Mein letztes bisschen Hoffnung
Hab ich dir gegeben
Lieber ein kurzer Schmerz
Als der Schmerz des Lebens

Ich hab an dich geglaubt
Und an das Glück zu zweit
Du hast mein Herz geraubt
Schwer ist die Einsamkeit

Was hab ich zu verlieren
Das Leben braucht mich nicht
Kaum einen interessiert's
Es ist besser - Mich gibt es nicht

In alle Ewigkeit

Es war so schön - Denn du warst da
Wir liebten uns gerade ein Jahr
Wir gingen aus und hatten Spaß
Doch abends hast du dann gesagt:

„Hör mir mal zu. Ich liebe dich
Doch irgendwie klappt es nicht"
Du gabst mir noch einen Kuss
Und dann war Schluss

Für immer und in alle Ewigkeit
Doch gestern war's vorbei
Für immer wollten wir zusammen sein
Doch du sagtest: „Nein"

Warum - Weshalb
Ich habe die ganze Nacht geweint
Warum - Weshalb
Mein Herz - Das brach entzwei

Es war zu schön um wahr zu sein
Meine Welt - Die stürzte ein
Ich glaube das alles noch nicht
Du weißt doch: „Ich liebe dich"

Was mir bleibt ist die Erinnerung
An unsere schöne Zeit
Ich spüre noch deinen letzten Kuss
Doch jetzt ist Schluss

Melanie

Ich vermisse deine braunen Augen
Ich vermisse dein weiches Haar
Mir fehlen deine frechen Sprüche
Und eines ist mir völlig klar

Ich werde dich nie wieder sehen
Niemals mehr wiedersehen
Ich liebe dich - Doch du musst gehen
Ich werde dich nie wieder sehen

Ich vermisse deine zarte Stimme
Ich vermisse deine ganze Art
Dein Lächeln war so wunderbar
Doch leider ist mir eines klar

Ich werde dich nie wieder sehen
Niemals mehr wiedersehen
Ich liebe dich - Doch du musst gehen
Ich werde dich nie wieder sehen

Du bist so jung und wunderschön
Ich würde gerne mit dir gehen
Doch dieser Traum der wird nie wahr
Denn eines ist mir völlig klar

Ich werde dich nie wieder sehen
Niemals mehr wiedersehen
Ich liebe dich - Doch du musst gehen
Ich werde dich nie wieder sehen

Ohne mich

Ich sah große Männer weinen
Ich weiß ganz genau warum
Ich sah sie kniend Ärsche lecken
Sah sie über Leichen gehen
Am Abend die Million einstecken
Am Morgen war die Welt dann wieder schön

Ohne mich
Ich mach da nicht mit
Alles dreht sich nur ums Geld
Korruption regiert die Welt
Ich schau nicht zu - Bleibe unbequem
Und stelle mich gegen das System

Ich sah dich leise weinen
Ich weiß ganz genau warum
Ich sah dich kniend Schwänze lutschen
Sah dich an der Straße stehen
Am Abend über Kerle rutschen
Am Morgen war die Welt dann wieder schön

Ohne mich
Ich mach da nicht mit
Alles dreht sich nur ums Geld
Korruption regiert die Welt
Ich schau nicht zu - Bleibe unbequem
Und stelle mich gegen das System

Ich seh die Welt - Wie sie langsam auseinander fällt
Ich seh die Welt - Wie sie keinem mehr gefällt

Küss mich

Küss mich - Zum letzten Mal
Halt mich - Noch einmal
Drück mich - Zum allerletzten Mal
Und dann geh

Du stehst vor mir - Eine Träne im Gesicht
Unsere Liebe - Lange hielt sie nicht
Du willst gehen - Ich halte dich nicht auf
Nur um eines bitte ich dich

Küss mich - Zum letzten Mal
Halt mich - Noch einmal
Drück mich - Zum allerletzten Mal
Und dann geh

Die Zeit mit dir - Wo ist sie hin
Eiskalte Leere - Tief in mir drin
Ich kann's nicht ändern - Du willst gehen
Werd ich es auch niemals verstehen

Wir schworen unsere Liebe - 10.000 x
Dass die Welt nicht rosa ist - War uns klar
Waren wir auch immer für einander da
Ist der Liebesengel Amor doch bloß ein Narr

Küss mich - Zum letzten Mal
Halt mich - Noch einmal
Drück mich - Zum allerletzten Mal
Und dann geh

Fisch

Ich bin der Übermann
Mich lässt wirklich jede ran
Bin der Stecher der Nation
Egal in welcher Generation

Ich treib es überall
Bringe schnell auch dich zu Fall
Ich schenk dir einen Höhepunkt
Wenn es zwischen uns erst funkt

Hey Schnecke komm mal her - Heute Abend steppt der Bär
Ich liebe Pflaumensaft - Es riecht nach Fisch
Und es hat Spaß gemacht

Ob jung - Ob alt
Im Bett - Im Wald
Ihr könnt nicht vor mir fliehen
Ihr werdet alle vor mir knien

Bei mir stehen Mädchen Schlange an
Bittbriefe nehme ich auch an
Nein ich bin nicht arrogant
Ich bin nur ein ganzer Mann

Hey Schnecke komm mal her - Heute Abend steppt der Bär
Ich liebe Pflaumensaft - Es riecht nach Fisch
Und es hat Spaß gemacht

Ich bekomme jede Frau
Und das weißt du genau
Du brauchst es gar nicht zu bestreiten
Komm Baby - Lass uns reiten

Was - Du glaubst mir nicht
Ich sag's dir ins Gesicht
Mädchen hör gut zu
Bevor wir es gleich tun

Hey Schnecke komm mal her - Heute Abend steppt der Bär
Ich liebe Pflaumensaft - Es riecht nach Fisch
Und es hat Spaß gemacht

Weißt du wie sich Schmetterlinge küssen

Ich hoffe - Du sitzt irgendwo
Und hörst jetzt dieses Lied
Ich hoff - Dass du bekommen hast
Was du verdienst

Ich hoffe - Dir geht's schlecht
So richtig dreckig und beschissen
Ich hoffe - Du wirst jeden Tag
Wärme und Liebe missen

Du bist billig - Dumm wie Stroh
Glaubst - Die Welt dreht sich um dich
Du bist willig - Schläfst mit jedem
Alle - Die dich hatten - Die kennst du nicht

Du bist für jeden leicht zu haben
Hast mit jedem schon verkehrt
Fick dich selbst - Du bist nicht mal
Meine Rotze wert

Du weißt nicht - Was Liebe ist
Du weißt nicht - Was Gefühle sind
Du weiß nicht - Dass du alleine bist
Du bist nur ein verlorenes Kind
Dafür weißt du jetzt - Was Schlampen sind

Liebe Grüße an die Verflossenen

Dich hat sicher eine Geschlechtskrankheit schon längst dahingerafft
Schade - Denn der Sex hat mit dir wirklich Spaß gemacht - Ex Nr. 3

Du hast als Bundeswehrmatratze - Dir einen Namen gemacht
Warst du weg mit ihrem Sperma - Haben sie dich ausgelacht - Ex Nr. 6

Du hast deinen Freund mit mir betrogen - Mein Krankenschwesterchen
Jetzt weißt du nicht mehr - Wer ich bin - Ich war so oft tief in dir drin - Ex Nr. 8

Du warst immer feucht - Doch leider schlecht im Bett - Mein Schatz
Lässt dich von jedem ficken - Bist nur Gummipuppenersatz - Ex Nr. 10

Du weißt nicht - Was Liebe ist
Du weißt nicht - Was Gefühle sind
Du weiß nicht - Dass du alleine bist
Du bist nur ein verlorenes Kind
Dafür weißt du jetzt - Was Schlampen sind

Sedativum

Seit Jahren schon
Da baue ich Cannabis an
Hätte ich was verkauft
Wäre ich ein reicher Mann
Doch war ja klar - Ihr glaubt es nicht
Wie sollt es anders sein
Ob Eimer - Tüte oder Bong
Alles rauchte ich allein

Meine Freunde sagen:
„Probier mal eine Bahn!"
Doch ich lehne dankend ab
Und mit etwas mehr Elan
Hole ich dann meinen Rasen raus
Der duftet schon so fein
Eimer - Tüte oder Bong
Ich lade euch alle ein

Zu Weihnachten - Oh Freude
Gibt's einen Festtagsschmaus
Da back ich leckere Kekse
Die essen wir dann auf
Doch Weihnachten ist nicht sehr oft
Ich glaub einmal im Jahr
Drum sind wir stoned - Nicht nur zum Fest
Auch Werktags - Ist doch klar

Bernie 2011

Kein Text

Kein Text - Kein Text - Mir fällt nichts ein
Kein Text - Kein Text - Es ist wie verhext
Kein Text - Kein Text - Mein Kopf ist leer
Kein Text - Kein Text - Ich weiß nichts mehr

Mir fällt nichts ein - Ich habe keinen Text
Es ist wirklich wie verhext
Was soll ich schreiben - Mir fällt nichts ein
Die Muse lässt mich heut allein

Kein Text - Kein Text - Ein Lied muss her
Kein Text - Kein Text - Doch das ist schwer
Kein Text - Kein Text - Was soll ich tun
Kein Text - Kein Text - Kann nicht mehr ruhen

Ein Lied muss her und zwar schnell
Einen Text zu klauen - Wäre kriminell
Darum bleib ich heut allein
Bis aus den Zeilen wird ein Reim

Kein Text - Kein Text - Mir fällt nichts ein
Kein Text - Kein Text - Es ist wie verhext
Kein Text - Kein Text - Ich trink ein Becks
Kein Text - Kein Text - Und zwar auf Ex

Mir fällt nichts ein - Ich habe keinen Text
Trink den ganzen Abend nur Becks
Ich könnt ja meiner Freundin schreiben
Denn ich bin echt nicht gern allein

Kein Text - Kein Text - Hab keine Lust
Kein Text - Kein Text - Hab nur Frust
Kein Text - Kein Text - Was soll ich tun
Kein Text - Kein Text - Kann nicht mehr ruhen

Ein Lied muss her und zwar schnell
Draußen wird es langsam hell
Ich bin blau und bin allein
Mir fällt heute kein Text mehr ein

Stadtcafé

Ich stand allein vorm Stadtcafé
Da traf ich eine Fee
Sie lächelte mich an
Und trat an mich heran

Sie sagte: „Na - Mein Bester
So allein - Wie wäre es mit Wein"
Ich sah in ihr süßes Gesicht
Stotterte: „Ja gerne - Warum nicht"

Dass sie die Schönste ist der Welt
Hab ich sofort festgestellt
Mein Herz fing Feuer - Stand in Flammen
Träumte von einem Leben mit ihr zusammen

Hab ich Pech - Dann sagt sie: „Nein"
Hab ich Glück - Dann wird sie mein
Wir gehen ins Stadtcafé hinein
Und bestellen einen teuren Wein

Ich rede fröhlich übers Wetter
Bin ein Charmeur - Ein ganz Netter
Sie hört höflich nickend zu
Ihr Anblick lässt mir keine Ruh

Eine Stunde und drei Flaschen Wein später

Gut - Dass ich angetrunken bin
Denn sonst wäre mein Mut dahin
So nervös war ich noch nie
Fasse zaghaft auf ihr Knie

Sie lässt es zu - Ich gehe heiter
Ohne Scham mit ihr noch weiter
Am nächsten Morgen - Was für eine Welt
War sie fort mit meinem Geld

Ein ganzer Mann

Du kommst zu mir so oft du kannst
Knabberst an meinem Ohr
Du bist bei mir - Doch in Wirklichkeit
Stell ich mir eine andere vor

Jede weiß - Wie gut ich's kann
Darum lass ich auch andere ran
Denn viel zu viele Mädchen
Sind heute Abend ohne Mann

Ich lass sie ran - Ich lass sie ran
So viele hübsche Mädchen - Haben keinen Mann
Ich lass sie ran - Ich lass sie ran
Warum auch nicht - Ich bin nun mal - Ein ganzer Mann

Manchmal bringst du eine Freundin mit
Dann machen wir's zu dritt
Ganz klar du willst ihn wiedersehen
Nach diesem tollen Ritt

Doch du musst nach Hause gehen
Auch andere Mädchen wollen ihn sehen
Sei nicht traurig - In deinen Träumen
Wird er für immer stehen

Fass ihn ruhig an - Und reib mal dran
Tob dich aus - Mach was du willst - Heut Nacht bin ich dein Mann
Fang endlich an - Geh richtig ran
Keine Angst - Ich halt es aus - Denn ich bin ein Mann

Ich lass sie ran - Ich lass sie ran
So viele hübsche Mädchen - Haben keinen Mann
Ich lass sie ran - Ich lass sie ran
Warum auch nicht - Ich bin nun mal - Ein ganzer Mann

Ich wäre so gern ein Mädchen

Ich wäre so gern ein Mädchen
Niedlich - Süß und klein
Ich wäre so gern ein Mädchen
Gerissen und gemein

Den Jungs würde ich den Kopf verdrehen
Bis sie nur noch Herzen sehen
Sind sie dann heiß - Wollen mit mir gehen
Lasse ich sie einfach stehen

Ewig potent und schwanzgelenkt
Träume weiter Superhengst
Protz mit deiner Männlichkeit
Bevor du dann den Schwanz einkneifst

Ich wäre so gern ein Mädchen
Niedlich - Süß und klein
Ich wäre so gern ein Mädchen
Gerissen und gemein

Denn so ein kleines Mädchen
Bekommt immer was sie will
So ein kleines Mädchen
Das hält niemals still

Doch ich bin bloß ein Junge
Und bestimmt nicht darauf stolz
Denn bei den meisten Jungen
Ist der Kopf aus Holz

Gefühle zeigen Jungen nie
Und Jungen weinen nicht
In dieses alberne Klischee
Passe ich einfach nicht

Ich wäre so gern ein Mädchen
Niedlich - Süß und klein
Ich wäre so gern ein Mädchen
Gerissen und gemein

Denn so ein kleines Mädchen
Bekommt immer was sie will
So ein kleines Mädchen
Das hält niemals still

Viel schlimmer

Deine Augen sind kälter noch als Eis
Dein Herz so hart wie Stein

Du hattest mich gefragt
Und ich ging mit zu dir
Niemand hatte mich gewarnt
Und jetzt liege ich hier

Du knebelst mich - Peitscht mich aus
Wachs tropft auf meine Haut
Von SM hab ich keinen Schimmer
Doch ich ahne schon - Es wird noch

Viel schlimmer

Meinen Körper - Ich kann ihn nicht mehr spüren
An deinen Lippen klebt mein Blut

Ich hoffe - Es ist bald vorbei
Dann bin ich endlich frei
Doch erst wenn du befriedigt bist
Erst dann ist es soweit

Du bist pervers - Krank im Hirn
Lebst in einer anderen Welt
Ich liege hier - Atme noch immer
Und weiß genau - Es wird noch

Viel schlimmer

Nie wieder

Mein Traum ging in Erfüllung - Wer hätte das gedacht
Das Mädchen meiner Träume - Das hat mich angelacht

Ein paar Wochen glücklich - Ein paar Wochen Spaß
Der erste Streit - Ich erschieß sie - Und sie beißt ins Gras

Du wirst nie wieder glücklich - Hat der Richter mir gesagt
Warum hast du das getan - Haben die Geschworenen gefragt

Du wirst nie wieder glücklich - Junge - Du wanderst ab
Für immer - Lebenslänglich - In Einzelhaft

Nie wieder glücklich - Nie wieder - Nie wieder

Doch ich bin sehr zierlich - Da hat man es geschafft
Mich zu verwechseln - Ich bin im Frauenknast

Ich konnte es nicht fassen - Schon haben sie mich bemerkt
Sie fingen an mich zu vernaschen - Das war gar nicht so verkehrt

Du wirst hier sehr glücklich - Haben die Mädchen mir gesagt
Warum rasiert die Frau sich - Haben die Wärter sich gefragt

Du wirst hier sehr glücklich - Solange du's uns machst
Doch wehe dir du lässt nach - Dann machen wir dich platt

Dann bist du nicht mehr glücklich - Wir hacken ihn dir ab
Und du liegst bald bei deiner Freundin - Neben ihr im Grab

Nie wieder glücklich - Nie wieder - Nie wieder

Maren

Schön - Das war sie nie
Zum Glück gibt es die Chirurgie
Ja wir haben es geschafft
Ihren Anblick erträglich gemacht

In der Schule war sie nicht
Sie hatte Einzelunterricht
Verstanden hat sie nicht viel
TV ist nun ihr Domizil

In ihrem Hirn - Da war es ewige Nacht
Doch wir haben ihr was beigebracht

Maren - Pass auf - Das Glücksrad dreht sich
Und leuchtet das Licht - Ja dann versteht sich
Dass du uns zeigst - Was du gelernt hast
Du bist doch nicht dumm - Komm dreh die Buchstaben um

Schöne bunte Pharmaka
Machen alles klar
Im Wahn der Idiotie
Ist sie trainierbar wie noch nie

Einfache Zusammenhänge
Ziehen sich ganz schön in die Länge
Doch das - Was sie kann
Zeigt sie am Abend im Programm

In ihrem Hirn leuchtet ein kleines Licht
Für ihren Job - Mehr braucht sie nicht

Maren - Pass auf - Das Glücksrad dreht sich
Und leuchtet das Licht - Ja dann versteht sich
Dass du uns zeigst - Was du gelernt hast
Du bist doch nicht dumm - Komm dreh die Buchstaben um

So schön (kann Liebe sein)

Fühlst du dich allein
Kann ich mal nicht bei dir sein
Dann schau zum Mond hinauf
Und hör gut zu - Was er dir sagt

Du bist nicht allein
So schön kann Liebe sein

Wird dein Herz ganz schwer
Ich vermisse dich genauso sehr
Dann mach die Augen zu
Und stell dir vor - Ich flüstere dir ins Ohr

Du bist nicht allein
So schön kann Liebe sein

Doch irgendwann
Werde ich bei dir sein - Und dann
Liegst du in meinem Arm
Dein Herz pocht schnell - Hör - Was es dir sagt

Du bist nicht allein
So schön kann Liebe sein

Scheiße seh ich geil aus

Ich bin der schönste aller Männer
Alle anderen sind nur Penner
Sie laufen den Frauen hinterher
Als gäbe es keinen Morgen mehr

Die Welt dreht sich allein um mich
Etwas Wichtigeres gibt es nicht
Geht es mir gut - Dann lacht die Welt
Geht es mir schlecht - Sie schnell zerfällt

Ich bin perfekt in allen Dingen - Könnte euch ein Liedchen singen
Ich bin schlau und hab es raus - Und Scheiße man - Seh ich geil aus
Ich bin perfekt in jeder Hinsicht - Ich rülpse und ich furze nicht
Mein Spiegelbild ist wunderschön - Ich würd so gerne mit mir gehen

Ich bin ein großer Denker
Richter und Henker
Norden - Süden - Osten - Westen
Überall bin ich am besten

Ich bin ein Super-Duper-Held
Rette täglich unsere Welt
Ziehen die Frauen zum Dank sich aus
Verschmähe ich sie - Mir reicht Applaus

Ich bin perfekt in allen Dingen - Könnte euch ein Liedchen singen
Ich bin schlau und hab es raus - Und Scheiße man - Seh ich geil aus
Ich bin perfekt in jeder Hinsicht - Ich rülpse und ich furze nicht
Mein Spiegelbild ist wunderschön - Ich würd so gerne mit mir gehen

Niemand ist mir gewachsen
Macht ruhig eure Faxen
Ist euer Verstand scharf wie ein Messer
Pech gehabt - Ich weiß es besser

Keine Götter neben mir
Sagt - Auf wen wartet ihr
Bei mir endet der Sternenmarsch
Die Sonne scheint mir aus dem Arsch

Ich bin perfekt in allen Dingen - Könnte euch ein Liedchen singen
Ich bin schlau und hab es raus - Und Scheiße man - Seh ich geil aus
Ich bin perfekt in jeder Hinsicht - Ich rülpse und ich furze nicht
Mein Spiegelbild ist wunderschön - Ich würd so gerne mit mir gehen

Tattoo Inside

Es wird Nacht in meiner Stadt
Die rechte Zeit zur Menschenjagd
In dunklen Gassen wart ich dann
Auf Kind - Auf Frau oder auf Mann

Wer da auch kommt ist mir egal
Brauch Material - Hab keine Wahl
Ich nehme - Was ich kriegen kann
Und heute Nacht - Da bist du dran

Pinte um Pinte - Füll ich dich mit Tinte
Erloschen ist dein Lebenslicht
Wie schön du wirst - Das siehst du nicht

Fixiert der Fuß - Fixiert die Hand
Pin deinen Körper an die Wand
Mit dem Skalpell und großer Lust
Öffne ich dann deine Brust

Ich will nicht länger die Haut verschönern
Das was mich reizt - Steckt in deinem Leib
Dein Blut rinnt abwärts - Noch bist du warm
Rosen wachsen auf deinem Darm

Einen Fliegenpilz - Stech ich auf die Milz
Die Pankreas - Verziert mit Kiffergras
Auf der großen Kurvatur im Magen
Parkt seit Neustem Thors Streitwagen

Pinte um Pinte - Füll ich dich mit Tinte
Erloschen ist dein Lebenslicht
Wie schön du bist - Das siehst du nicht

Der Schädel offen - Über dem Gehirn
Schlängelt sich kunstvoll Gewürm
Ich tätowier dir einen wilden Eber
Galoppierend auf die Leber

Nicht zu vergessen ist das Herz
Für Mutti steht da - Ohne Scherz
Es ist geschafft - Es ist soweit
Mein Kunstprojekt - Tattoo Inside

Pinte um Pinte - Füll ich dich mit Tinte
Kein Blut mehr aus den Adern fließt
Nur schade - Dass du dich nicht siehst
Erloschen ist dein Lebenslicht
Wie schön du bist - Das seh nur ich

Ich warte auf dich

Ich sitze hier nächtelang
Und wart auf dich
Warum denn nur - Warum denn bloß
Kommst du nicht

Wir hatten uns gestritten
Wegen irgendeiner Kleinigkeit
Egal was es auch war
Es war ganz bestimmt nicht so gemeint

Warum musste das geschehen
Wann werde ich dich wiedersehen
Ich möchte nur - Dass es so wird
Wie es früher einmal war
Als jeder uns zusammen sah
Das große Liebespaar

Ich weiß nicht - Wo du bist
Ob es dir gut geht oder nicht
Warum denn nur - Warum denn bloß
Meldest du dich nicht

Ich sitz den ganzen Tag
In unserer Wohnung rum
Ich warte auf dein Anruf
Doch das Telefon bleibt stumm

Warum musste das geschehen
Wann werde ich dich wiedersehen
Ich möchte nur - Dass es so wird
Wie es früher einmal war
Als jeder uns zusammen sah
Das große Liebespaar

Nichts ändert sich

Wir spielen heute im Seniorenheim
Also bitte bringt noch ein paar Stühle rein
Wir singen Lieder über Liebe - Sex und Sonnenschein
Im Seniorenheim - Im Seniorenheim

Und draußen in der weiten Welt
Machen die Großen das - Was ihnen gefällt
Mord und Totschlag - Überall klebt Blut
Und die Regierung findet das noch gut

Korruption - Kleinkriminalität
Ist der Boden auf den ihr eure Träume sät
Doch ernten werdet ihr nichts - Nur Spott und Hohn
Einen tritt in den Arsch ist euer Lohn

Wir spielen heute im Krankenhaus
Also bitte schmeißt hier die Gesunden raus
Wir spielen für die mit Krebs und mit'ner Laus
Im Krankenhaus - Im Krankenhaus

Von der Gesellschaft ausgebrochen
Kommt ihr auf das Amt gekrochen
Wollt Geld und glaubt ein Recht zu haben
Ihr kleinen Scheißer seid nur Maden

Ausgemustert - Abgeschoben
Fallen gelassen - Nicht aufgehoben
Arbeitslos und Spaß dabei
Man - Das find ich einwandfrei

Wir spielen heute in der Nervenheilanstalt
Wir werden langsam Müde - Hier ist unser letzter Halt
Wir sind nicht schizophren - Nur ein bisschen durchgeknallt
In der Nervenheilanstalt - In der Nervenheilanstalt

Weil deine Meinung Ecken hat
Auch sonst nicht in die Masse passt
Weil du böse warst - Wie ungezogen
Bist du heute umgezogen

Von keinem mehr beachtet
Hinter dicken Türen verfrachtet
Als Testperson verkauft
Nehmen die Dinge ihren Lauf

Meine Freundin

Meine Freundin liebt mich nicht mehr
Vor ein paar Wochen noch - Da mochte sie mich sehr
Doch meine Freundin liebt mich jetzt nicht mehr

Was ist passiert - Was ist geschehen
Ich weiß es nicht - Kann es nicht verstehen

Ich weiß nur eins - Ich liebe sie noch sehr
Dass sie mich nicht mehr liebt zu glauben - Fällt mir schwer

Meine Freundin liebt mich nicht mehr
Vor ein paar Wochen noch - Da mochte sie mich sehr
Doch meine Freundin liebt mich jetzt nicht mehr

Ich wollt ihr alles geben - Alles auf der Welt
Ich wollt - Dass unser Glück ein Leben lang hält

Dass du mich nicht mehr liebst zu glauben - Fällt mir schwer
Ich weiß nur eins genau - Ich liebe dich noch sehr

Meine Freundin liebt mich nicht mehr
Vor ein paar Wochen noch - Da mochte sie mich sehr
Doch meine Freundin liebt mich jetzt nicht mehr

Was ist passiert - Komm sag es mir
So hilflos steh ich jetzt vor dir

Sag mir den Grund - Auch wenn ich ihn nicht versteh
Und ich verspreche - Dass ich für immer geh

Meine Freundin liebt mich nicht mehr
Vor ein paar Wochen noch - Da mochte sie mich sehr
Doch meine Freundin liebt mich jetzt nicht mehr

Tränen im Herzen

Viel zu lang ist es schon her
Du gibst mir keine Chance mehr
Die Zeit - Die uns trennte war zu lang
Es ist zu viel geschehen - Für einen Neuanfang
Ist es wirklich zu spät - Zu spät für uns
Ich frage mich nur: „Warum"

Ich habe dich geliebt und ich werd es immer tun
Ich weiß - Du fühlst nicht mehr wie ich
Nichtsdestotrotz: Ich liebe dich
Die Zeit heilt alle Wunden - Doch diese heilt sie nicht
Deine Tränen im Herzen sah ich nicht

Meinen Platz hat jetzt ein anderer
Denn mich liebst du schon lang nicht mehr
Für eine Neuauflage reicht es nicht
Kann nichts dagegen tun - Dass mein Herz zerbricht
Denn jetzt ist es zu spät - Zu spät für uns
Warum war ich nur so dumm

Ich habe dich geliebt und ich tue es immer noch
Ich weiß - Du fühlst nicht mehr wie ich
Nichtsdestotrotz: Ich liebe dich
Die Zeit heilt alle Wunden - Doch diese heilt sie nicht
Deine Tränen im Herzen sah ich nicht

Jetzt halte ich deinen Brief in meiner Hand
Er bringt mich fast um den Verstand
Du hast geschrieben - Es ist vorbei
Du kommst nie mehr zu mir zurück

Ich hab so vieles falsch gemacht
Warum bin ich nicht aufgewacht
Du hattest mich geliebt - Wolltest bei mir sein
Ich sah es nicht - Ließ dich sooft allein
Doch jetzt ist es zu spät - Vorbei
Wie ein Traum - Den man nicht sieht

Ich werd dich immer lieben - Egal was auch geschieht
Ich weiß - Du fühlst nicht mehr wie ich
Nichtsdestotrotz: Ich liebe dich
Die Zeit heilt alle Wunden - Doch diese heilt sie nicht
Meine Tränen im Herzen sind für dich

Traummädchen

Ich geh mit dir - Hand in Hand
Irgendwo in einem fernen Land
Der Mond scheint hell - Die Sterne auch
Ich spüre ein Kribbeln in meinem Bauch

Die Zeit steht still - Du liegst in meinem Arm
Noch spür ich dich - So zart und warm
Ein Kuss von dir und ich wache auf
Liege im Bett - Allein zu Haus

Ich will zurück in meinen Traum - Zurück zu dir

Ich bin verliebt - Verliebt in dich
Verliebt in dich - Doch dich gibt es nicht
Ich hoff - Ich schlaf bald wieder ein
Möchte doch nur bei dir sein

Die Zeit verrinnt - Es hat keinen Sinn
Die Sehnsucht zieht mich zu dir hin
Doch ich bin wach - Was soll ich bloß tun
Muss ich denn erst für immer ruhen

Ich will zurück in meinen Traum - Zurück zu dir

Waldau

Ein goldener Weg - Auf dem du gehst
Ein weißes Tor - Vor dem du stehst
In güldenen Lettern - Steht es geschrieben
Hier sollst du - Dein Geld verdienen

Keine Angst - Komm nur herein
Du wirst bald - Ein Melker sein
Die Kühe hier - Auf Wolken schweben
Und willig - Ihre Milch hergeben

Doch gehst du dann den Weg noch etwas weiter
Siehst du bald - Da ist nicht alles Milch - Da ist auch Eiter

Waldau - Hier hilft dir keine Sau
Waldau - Hier ist dein Leben grau
Waldau - Die Welt - Die noch Helden braucht

Im Stall des Horrors - Grauen und Schrecken
Quälst du dich - Bis zum Verrecken
Die Angst besiegt dich - Arbeit pur
Dein Leben ist verpfuscht - Was machst du nur

Video - Suff - Die Stimmung heiter
Du schläfst ein - Und träumst von Eiter
Niemals führt - Ein Weg zurück
Im Kuhstall liegt - Des Melkers Glück

Jahr für Jahr siehst du nur pralle Euter
Und niemand wagt es jemals hier zu meutern

Waldau - Hier hilft dir keine Sau
Waldau - Hier ist dein Leben grau
Waldau - Die Welt - Die noch Helden braucht

In meiner Nase

In meiner Nase wohnen Leute
Nicht sehr viele - Nur ein paar
Doch sie waren schon immer da

In meiner Nase wohnen Leute
Keine Ahnung - Was sie machen
Nachts höre ich sie manchmal lachen

Meine Nase - Die ist so unendlich groß
Hab ich Schnupfen - Fahren die Leute mit'nem Floß
Und wenn ich niese - Ich kann doch nichts dafür
Fallen die Fenster raus und manchmal auch die Tür

In meiner Nase wohnen Leute
Nicht sehr viele - Nur ein paar
Doch sie waren schon immer da

In meiner Nase wohnen Leute
Sie können auch dort bleiben
Ich werde ihnen eine Karte schreiben

In meiner Nase war auch mal ein Forscherteam
Sie haben über Nasen dann ein Buch geschrieben
Manchmal tun mir die Leute einfach leid
Denn wenn ich pople - Drück ich ihre Hütten breit

In meiner Nase wohnen Leute
Nicht sehr viele - Nur ein paar
Doch sie waren schon immer da

In meiner Nase wohnen Leute
Ich höre sie manchmal rufen
Irgendwann werd ich sie besuchen

In meiner Nase

„Völlig abgedrehte, deftige Lektüre. Nichts für Puristen!"

Vito von Eichborn

Edition BoD

herausgegeben von Vito von Eichborn

René
Hemmerling **Total versaute Märchen**

Die Brüder Grimm
finden das
schlimm

ISBN 3-8334-5303-6

Es wird gekillt, gekifft und geht sexuell heftig zur Sache.